Emil W. Heuser

Über die Teile, in welche die Lothringer Geste sich zerlegen lässt

Emil W. Heuser

Über die Teile, in welche die Lothringer Geste sich zerlegen lässt

ISBN/EAN: 9783743653832

Hergestellt in Europa, USA, Kanada, Australien, Japan

Cover: Foto ©Thomas Meinert / pixelio.de

Weitere Bücher finden Sie auf **www.hansebooks.com**

Ueber die Theile

in welche

die Lothringer Geste sich zerlegen lässt.

I.

INAUGURAL-DISSERTATION

zur

Erlangung der Doctorwürde

der

hohen philosophischen Fakultät zu Marburg

vorgelegt von

Emil W. Heuser

aus Remscheid.

(Aus: Ausg. u. Abh. aus d. Geb. der roman. Philol.).

Marburg.

Universitäts-Buchdruckerei (R. Friedrich).

1884.

Herrn Pastor Post

in Solingen

und

Herrn Prof. Dr. Stengel

in Dankbarkeit gewidmet.

Eine der interessantesten Fragen auf dem Gebiete der Epik ist unstreitig die nach der Entstehung der Epen und unter den mancherlei Ansichten darüber ist besonders die Liedertheorie bedeutsam geworden.

Sie wurde zuerst von F. A. Wolf in seinen Prolegomena ad Homerum für die homerischen Gedichte aufgestellt und gab zu einer immer noch wachsenden Literatur von Schriften für und wider dieselbe Anlass [Die neueste wenigstens unter den mir zu Gesicht gekommenen ist die von Sittl: Wiederholungen in der Odyssee, eine gekrönte Preisschrift. Über die ganze Frage, so weit sie das griechische Epos berührt, ist zu vergl. Volkmann, Geschichte und Kritik der Wolf'schen Prolegomena ad Homerum. 1877].

Für die Nibelungen vertrat sie Lachmann in seiner Habilitationsschrift: Ueber die ursprüngliche Gestalt des Gedichtes von der Nibelungen Noth, Berlin 1816. Er fand zwar bald Gegner, so vor Allem an von der Hagen, »aber erst nach seinem Tode wurde seine Theorie nachdrücklich angegriffen« und noch heut zu Tage dauert der Streit fort [vgl. hierüber Muth, Einleitung in das Nibelungenlied, Paderborn 1877, § 13 18 incl.; in der Einleitung sowie in einem Nachtrage giebt derselbe die gesammte einschlägige Literatur an]. Die neuesten Arbeiten sind hier wohl die von H. Busch: Die ursprünglichen Lieder vom Ende der Nibelungen. Halle 1882 [rec. in Göttinger gelehrte Anzeigen 1882. p. 1576] und von Henning, Nibelungenstudien, Strassburg 1883 = *QF* 32, welch letzterer auch auf die Ch. des Loh. zu sprechen kommt [vgl. Wilmanns in Gött. gel. Anz. 1883 p. 1345].

Auch auf den Beowulf wurde die Theorie angewandt, und zwar von Müllenhoff: Die innere Geschichte des Beówulf in *ZfdA* XIV, 193—244; entgegen trat ihm Hornburg in einem, mir nicht zu Gesicht gekommenen, Metzer Programm vom Jahre 1877. Die von beiden nur gelegentlich berührten sprachlichen Gründe wurden untersucht von K. Schemann in seiner Dissertation: Die Synonyma im Beówulfliede mit Rücksicht auf Composition und Poetik des Gedichts. Münster [Hagen] 1882.

Natürlich suchte man sich auch die Entstehung der afrz. Nationalepen mit Hilfe dieser Theorie zu erklären. So schon 1832 Monin in seiner bedeutsamen Dissertation: sur le roman de Roncevaux. F. Wolf 1833: Ueber die neuesten Leistungen der Franzosen, und noch manche Andere. [Eine allerdings nicht ganz vollständige Sammlung der einschlägigen Arbeiten giebt der Aufsatz von Dietrich: Ueber die Wiederholungen in den afrz. Chansons de geste in Vollmöllers R. F. I, 1; vgl. die Recensionen von Gröber in seiner Z. f. r. Ph. 1882. p. 492 und von Settegast im Literaturblatt f. g. u. r. Ph. 1882 Spalte 208]. Die neueste Arbeit auf diesem Gebiete ist wohl die Dissertation von E. Fiebiger: Ueber die Sprache der Chevalerie Ogier von Raimbert de Paris, Halle 1881, die die Vermuthungen von Huber, welche derselbe in einer Besprechung der Chevalerie in der neuen jenaischen Literaturzeitung 1844 No. 95 ss. aufgestellt hatte, bestätigen [vgl. die Recension von Stengel im Literaturblatt f. g. u. r. Ph. 1882, Spalte 272]. Auf diese Arbeit werden wir im Verlauf unserer Untersuchung zurückzukommen haben, wie auch auf das ganz kürzlich erschienene Buch P. Rajna's Le origini dell' epopea fr. Firenze 84.

Wenn ich nun im Folgenden beabsichtige, eines der bedeutendsten afrz. Epen, die Chanson des Loherains, daraufhin zu prüfen, ob dieselbe einheitlich ist oder nicht, ob sie etwa einen Cyclus bildet, so bin ich mir der Schwierigkeit der Aufgabe wohl bewusst und auch durchaus nicht der Ansicht, dieselbe definitiv erledigt zu haben, zumal ich bisher mit wenigen Ausnahmen die sprachlichen Momente nicht berücksichtigen konnte — zur Zeit liegt uns ja bekanntlich noch keine kritische Ausgabe vor und nur auf Grund einer solchen lassen sich sprachliche Erörterungen nutzbringend anstellen — ich habe mich daher im Wesentlichen auf Betrachtung der inhaltlichen und metrischen Fragen, der letzteren auch nur zum Theil, beschränken müssen.

Die Chanson des Loherains ist uns in einigen 30 theils vollständigen, theils mehr oder minder fragmentarischen Hss. überliefert [1]). Die Mehrzahl derselben enthält nur die eigentliche Chanson, während eine Anzahl, *ENTv* und 𝔇a noch ein Vorgedicht, die Chanson de Hervis de Mes [2]) noch andere *LNSU* [3]) *a* [4]) *b* eine Fortsetzung, die Chanson d'Anseis de Mes, wieder andere, ***Mv***, eine andere Fortsetzung, *Yon* [5]) enthalten. Diese

1) Vgl. hierüber die Arbeit von Dr. W. Vietor: Die Hss. der Geste des Lohérains, mit Texten und Varianten, Halle 1876 und die Nachträge dazu in A. u. A. III, 124 und Vorwort XVIII ss. Das hier zuletzt erwähnte Bruchstück **Z**[4] ist von Bartsch in Z. f. r. Ph. IV, 575 ss. veröffentlicht und näher von Stengel ebendas. V, 88 bestimmt worden. Ein weiteres Bruchstück **Z**[5] findet sich in Hs. 2057 in Troyes. Mignard führt einige Zeilen in seiner Ausgabe des Girart de Rossillon Vorrede p. XIV an, indem er es für ein Fragment dieses Romans hält [vgl. Literaturblatt 1881 November unter den Notizen und Z. f. r. Ph. V, 381]. Es ist kürzlich von Herrn stud. Groeneveld für Herrn Prof. Stengel abgeschrieben worden, besteht aus dem oberen Theil eines zweispaltigen Blattes und enthält eine Stelle des Girbert = RSt I 494, 11—500, 18. Seinem Texte nach stimmt **Z**[5] am Nächsten zu **BC** (den Text desselben s. im Anh.)

2) Vgl. hierüber Hub, Inhaltsangabe und Hss.-Classification der Ch. de Hervis de Mes. Marburg 1879; Rhode, die Beziehungen zwischen den Chansons de geste Hervis de Mes und Garin le Loherain und ihre Verknüpfung durch den Verfasser der Redaktion **NT**. Marburg 1881 [letztere auch in A. A. III, 121 ff.] und Böckel, Philipp de Vigneulle's Bearbeitung des Hervis de Mes. Marburg 1883.

3) Diese Hs. ist nicht die von Vietor mit diesem Sigel bezeichnete und mit **R** identische [cf. Rom. XI, 168], sondern eine nur den Anseis enthaltende Hs. der Vaticana Urb. 375, auf welche Stengel nach Godefroys Citaten in seinem Dict. unter *aatir*, *aatison*, *achacier*, *acesser*, *acesmeement* etc. hinwies.

4) Ueber diese Prosabearbeitung handelt Feist.

5) Ueber denselben handelt demnächst Rudolph.

3 Gedichte, wie auch ein nur in der Hs. *T* vorkommendes Vorgedicht [vgl. Stengel, Mittheilungen aus der Turiner Universitäts-Bibliothek. Marburger Rectoratsprogramm 1873], wie endlich noch andere, uns nur in holländischer Fassung erhaltene Fortsetzungen [Hiervon sind nur Bruchstücke erhalten, welche von Jonckbloet, Matthes, Fischer veröffentlicht sind. Dazu sind neuerdings wieder andere Bruchstücke gekommen, die von de Vries in der Tijdschrift voor Nederlandsche Taal en Letterkunde III, 83 bekannt gemacht sind — vgl. Rom. XII, 416] sind jedoch jüngeren Datums.

Die eigentliche Chanson des Loherains umfasst aber immer noch über 30,000 Verse und zieht sich durch 3 Generationen hin, indem sie die Thaten des Metzer Geschlechts des Hervis, seiner Söhne Garin und Begon und deren Söhne, des Gerbert [Sohn Garins] und des Hernaut und Gerin [Söhne Begons], sowie deren Verwandten zum Theil im Kampfe gegen die Heiden, hauptsächlich aber gegen das Bordeleser Geschlecht, gegen Hardre, Fromont und Fromondin nebst Verwandten zum Gegenstand hat.

Vollständig veröffentlicht ist die gesammte Geste noch nicht, sondern ausser Abdrücken einzelner fragmentarischer Hss. und einer Analyse nach *Q* von Mone in seinen Untersuchungen zur Geschichte der teutschen Heldensage 1836, ist nur die erste Hälfte herausgegeben und zwar von P. Paris: Li Romans de Garin le Loherain. Paris 1833 und 35 [im Folgenden = I, II], von E. du Méril: La Mort de Garin le Loherain 1863 [= III], und von E. Stengel, R. St. I, 442–552 der Anfang der Chanson de Girbert de Mes [= IV]. Letzterer bereitet eine kritische Gesammtausgabe [wie auch gemeinsam mit Bonnardot eine solche des Hervis] vor und hat mir das zur folgenden Arbeit nöthige handschriftliche Material mit gewohnter Freundlichkeit zur Verfügung gestellt, wofür ich ihm, ebenso wie für mancherlei Winke bei der definitiven Redaktion dieser Arbeit, hiermit meinen verbindlichsten Dank ausspreche.

Wenn mir nun auch die Mehrzahl der Hss. kopirt vorlag, so habe ich mich doch auf die Hss. *ABCDJOS* beschränken zu können geglaubt, da diese im Wesentlichen den ursprünglichen Text der uns erschliessbaren Redaktion darstellen.

Meine Arbeit zerfällt in 2 Theile, in deren erstem ich untersuchen werde, ob die Chanson des Loherains einheitlich ist oder nicht, während ich im zweiten Theil festzustellen versuchen werde, welcher Theil der Chanson eventuell den Grundstock der ganzen Geste bildet. Der erste Theil sodann zerlegt sich wieder in 2 Kapitel, die die Betrachtung der äusseren und die der inhaltlichen Kriterien zum Gegenstand haben.

Theil I.

Ist die eigentliche Geste von den Lothringern als ein einheitliches Gedicht aufzufassen oder nicht?

Kapitel I.

Aeussere Kriterien.

§ 1. Betrachten wir zunächst die Assonanzen, nicht nach ihrer sprachlichen Seite, über die schon Fleck in seiner Dissertation: »Der betonte Vocalismus einiger *altostfranzösischer* Sprachdenkmäler und die Assonanzen der Ch. des Lohérains.« Marburg 1877 gehandelt hat [Die Angaben dieser Arbeit werden allerdings in einzelnen Punkten zu berichtigen sein, doch müsste dazu der kritische Text der Chanson vorliegen], sondern nach der rein metrischen, nach der Aufeinanderfolge der Tiradenvocale.

Von dem heut zu Tage üblichen Wechsel von männlichem und weiblichem Reim [worüber vergl. Banner in A. A. XIV] existiren bekanntlich schon Spuren im altfrz. Epos; so in den Tiraden 38—41, 71—77, 172—179 und 200—205 der Chanson des Saxons von Jean Bodel, durchgeführt in dem Fragment vom Roi de Sicile von Adam de la Halle und in der Berte as grans pies des Adenet le Roi [dieses Epos zeigt auch den grammatischen Reim; z. B. Tir. 1 *i*, 2 *ie*, 3 *er*, 4 *ere*, 5 *is*, 6 *ise*, 7 *ai*, 8 *aie*, 9 *ent*, 10 *ente*, 11 *ier*, 12 *iere* u. s. w. Unregelmässigkeiten finden sich in den Tiraden 21—26, 67—69, 76 u. 77, 106 u. 107, 120—122, 131 u. 132], während dies Princip im Bueves de Commarchis nur in der Tendenz, in den Enfances Ogier und dem Cleomades, alle von demselben Dichter, gar nicht vorhanden ist. In assonirenden Gedichten dagegen ist ein solcher Wechsel noch nicht nachgewiesen, wohl aber finden sich zwei andere Künsteleien, nämlich in 2 Tiraden des Aye d'Avignon Binnenassonanz, wie Reimann gefunden hat [vgl. Stengel in Z. f. r. Ph. IV, 121 *)] und dann im Hervis de Mes regelmässiger Wechsel zwischen *i* und *e* Tiraden [vgl. Hub l. c. § 5).

Etwas ähnliches findet sich nun auch in unserem Gedicht. Geben wir deshalb zunächst die Synopsis der Tiradenfolge nach den wichtigsten Hss. **).

---

*) [In der Clermonter Passion Z. 55 scheint eine gleiche Binnenassonanz vorzuliegen: *Pensar non vols pensar nol poz*, ebenso 67, 58. Stengel].

**) .. bedeutet eine Lücke in der Hs.; — : in der Hs. findet sich nichts Entsprechendes; I = ed. Paris Bd. I; II = Paris II; III = Du Méril; IV = Stengel.

No.	Vocal.	Zeilenzahl	B	A	C	O	D	J	S	Ausgabe.
1	i	61	1a [6])	1a	1a	1a	. .	1a		I, 1
2	e	19	b	c	b	b	. .	b		5
3	i	54	b	c	c	c	. .	c		6
4	e	52	c	2a	d	. .	. .	2a		10
5	i	53	d	d	2b	. .	. .	c		14
6	o_n	11	e	3a	c	. .	. .	3a		17
7	ie	24	e	b	c	. .	. .	a		17
8	e	28	e	b	d	. .	. .	b		18
9	a_n	39	f	c	3a	. .	. .	c		21
10	i	5	2a	4a	b	. .	. .	4a		23
11	o_n	33	a	a	b	. .	. .	a		23
12	e	49	a	b	c	. .	. .	b		25
13	*i*	115	b	d	d	. .	. .	d		28
14	e	34	d	5c	4c	. .	. .	5c		35
15	*i*	145	e	6a	d	. .	. .	d		38
16	a	26	3a	7b	5c	. .	. .	7a		46
17	*i*	149	b	c	d	. .	. .	b		49
18	e	35	d [6])	8d	6d	. .	. .	8c		58
19	i'	9	e	9a	7a	. .	. .	d	3b	60
20	*i*	68	e	b	a	. .	. .	d	c	60
21	e	29	f	d	c	2b	. .	9c	4a	64
22	*i*	237	4a	10b	d	c	. .	d	b	67
23	e	29	e	12b	8b	4a	. .	11d	5a	80
24	*i*	24	e	d	c	b	. .	12a	b	82
25	a_n	19	f	13a	d	c	. .	b	b	83
26	e	22	f	b	d	d	. .	c	c	84
27	o_n	18	5a	c	9a	d	. .	d	c	86

6) Tir. 1—18 in **S** ersetzt durch: *i* 1a, *i'* 1c, o_n 1d, *i* 1d, *e* 2a, *i* 2b, *e* 2b, *i* 2c, *u* 3b.

No.	Vocal.	Zeilen.	B	A	C	O	D	J	S	Ausgabe.
28	i	91	5a	13c	9a	5a	. .	12d	5c	I, 87
29	i′	11	b	14c	d	c	. .	13c	6a	93
30	o_n′	4	c	c	d	c	. .	d	b	96
1	e	28	c	c	d	d	. .	d	b	97
2	i	76	c	d	10a	d	. .	14a	b	98
3	e	49	e	15c	c	6b	. .	c	c	102
4	i	297	e	16a	d	c	. .	15a	d	105
5	a_n	84	6e	19c	12d	8d	1d	17c	8c	121
6	o_n	7	f	20b	13b	9b	2c	18c	9a	129
7	ie	160	f	b	b	b	c	c	a	129
8	*i*	21	7c	21d	14c	10c	4a	19d	d	139
9	e	10	c	d	c	c	b	20a	10a	140
40	*i*	636	d	22a	c	c	b	a	a	141
1	o_n	6	9b	27b	19a	14d	10a	25d	13c	175
2	i′	15	c	b	a	d	a	d	—	176
3	*i*	331	c	c	19b	15a	b	26a	13c	176
4	e	57	10b	30c	21d	17b	13c	29a	15c	196
5	*i*	69	c	31a	22b	d	14a	c	d	199
6	a	6	e	c	d	18c	c	30a	16b	202
7	*i*	683	e	c	d	c	c	a	b	202
8	u	7	12d	37c	27c	23c	. .	35c	19d	235
9	*i*	146	d	c	c	c	. .	c	d	235
50	ie	21	13a	38d	28c	24c	. .	36d	20d	242
1	*i*	169	a	39a	d	c	. .	37a	d	243
2	a_n	21	d	40b	29d	25d	. .	38c	21d	253
3	*i*	131	d	c	30a	26a	. .	c	22a	255

3	i	131	d	40b	29d 30a	25d 26a		38c	21d	253
55[4]	*i*	525	4a	42b	31a	27a	17a	40a	22d	I, 264
6	ie	15	15d	48a	33c	30c	21c	44c	25d	296
7	*i*	508	d	b	c	d	d	c	d	297
8	e	21	17a	53d	36d	34a	26a	48c	28b	II, 28
9	*i*	45	a	d	d	a	b	d	c	29
60	e	43	b	54b	37a	b	d	49b	d	33
1	*i*	87	c	d	b	d	27a	c	29a	35
2	ie	12	d	56a	d	35b	d	50b	b	41
3	*i*	114	e	a	38a	b	d	b	c	42
4	e	36	18a	57a	d	36a	29a	51b	30a	49
5	*i*	553	a	c	39a	b	b	c	b	52
6	ie	25	19d	62c	42b	39d	34a	56a	33c	84
7	*i*	199	e	d	b	40a	b	b	d	85
8	ie	18	20b	64c	43c	41a	35d	57d	34d	96
9	*i*	15	b	d	c	b	36a	d	d	—
70	o.	15	b	65a	c	b	a	58a	35a	96
1	*i*	1546	c	a	d	b	a	a	a	97
2	ie	33	24e	79c	53c	51b	49c	70c	45b	177
3	*i*	133	f	d	d	b	50a	d	c	179
4	e . e	11	25b	81a	54c	52b	51a	71d	46b	186
5	o.	13	c	a	c	b	a	72a	b	187
6	*i*	51	c	a	d	b	b	a	b	188
7	e	35	d	d	55a	d	d	c	c	190
8	*i*	509	d	82a	b	53a	52a	d	d	192
9	ie	31	27a	87a	58d	56b	57a	77c	49d	225
80	*i*	31	b	b	59a	c	b	d	50a	227
1	e	41	b	c	a	d	c	78a	b	229

No.	Vocal.	Zeilen.	B	A	C	O	D	J	S	Ausgabe.
82	ie	65	27c	88a	59c	57a	57d	78c	50c	II, 232
3	*i*	19	d	d	60a	c	58c	79a	d	236
4	ò	8	e	89a	a	c	d	b	51a	237
5	*i*	15	e	a	a	c	d	b	a	237
6	a$_a$.e[è$_a$.e]	4	e	b	b	d	d	c	a	237
7	ie	165	e	b	b	d	59a	c	a	238
8	*i*	315	28b	90d	61b	58d	60b	80d	51 bis a	245
9	ie	27	29a	93c	63b	60d	63a	83c	52d	259
90	*i*	28	b	d	c	61a	b	c	d	259
1	u	7	b	94a	c	b	c	d	53a	
2	*i*	48	c	b	d	b	c	d	a	
3	u	16	c	c	64a	c	64a	84b	b	
4	o$_a$	35	d	d	a	c	a	c	b	
5	*i*	256	d	95a	b	d	c	d	c	
6	ie	9	30c	97b	65d	63b	66c	86d	55a	
7	*i*	1195	c	b	66a	c	d	d	a	266
8	u	4	33f	107c	73c	71a	77a	96c	61d	III, 49
9	*i*	70	f	c	c	a	a	c	d	49
100	e . e	24	34a	108a	d	c	c	97a	61 bis b	52
1	*i*	142	b	b	74a	c	d	b	b	53
2	e	44	d	109c	75a	72c	79b	98c	62b	61
3	*i*	152	e	110a	b	d	d	99a	c	64
4	e	64	35b	111b	76b	73d	81a	100b	63c	70
5	*i*	7	c	d	c	74b	c	d	d	74
6	ie	44	c	d	d	b	d	d	d	74
7	*i*	311	d	112b	77a	c	82a	101b	64a	76
8	a$_a$	61	36c	114d	79a	76c	84d	103d	65d	90

No.	Vocal.	Zeilen.	B	A	C	O	D	J	S	Ausgabe.
109	*i*	37	36d	115c	79b	76d	85b	104b	66b	III, 93
110	e	48	e	d	c	77a	c	c	b	95
1	i.e	37	f	116b	80a	c	86b	105a	d	98
2	*i*	694	37a	c	b	d	c	b	67a	100
3	e	29	39a	121 bis d	85a	82b	92d	110d	71a	133
4	*i*	106	a	122a	a	c	93a	111a	a	134
5	ie	23	c	123a	d	83b	94a	112a	d	140
6	e	22	d	b	86a	b	b	a	d	141
7	*i*	317	d	b	a	c	b	b	72a	142
8	e	33	40d	126a	88b	85c	97b	114d	73d	156
9	*i*	123	d	b	c	d	c	115a	74a	158
120	e	40	f	127c	89b	86c	98c	116a	c	163
1	*i*	69	41a	d	c	d	d	b	d	165
2	e	26	b	128c	90a	87a	99c	d	75b	168
3	*i*	266	c	d	b	b	d	117a	c	170
4	a_n	43	42a	131a	91d	89a	102a	119a	77a	182
5	*i*	346	b 7)	c	92b	b	c	c	b	185
6	ie	25	43b	134c	94c	91d	105d	122c	79b	201
7	*i*	35	c 8)	d	c	d	d	c	c	202
8	a_n	38	c	135a	d	92a	106b	123a	d	204
9	*i*	78	d	b	95a	b	c	b	80a	206
130	o_n	17	e	136a	d	d	107b	124a	b	210
1	*i*	251	f	a	d	93a	b	a	c	210
2	e	48	44d	138c	97c	94c	109c	126a	81d	IV, 443
3	*i*	153	e	139a	d	d	110a	c	82b	446
4	ie	5	45b	140b	98d	95d	111b	128a	83a	454
5	*i*	39	b	c	d	d	b	a	a	454

7) In diese Tirade fällt **K** fo. 1 u. 2. — 8) Schluss von Tir. 127 — Mitte 129 = **K** fo. 3.

No.	Vocal.	Zeilen.	B	A	C	O	D	J	S	Ausgabe.
136	u	32	45b	140d	98 bis a	96a	111b	128b	83b	IV, 456
7	*i*	155	c	d	a	b	d	b	b	457
8	a_n	26	e	142b	99a	97b	. .	129c	84a	464
9	*i*	37	f	c	b	b	. .	d	b	465
140	ie	40	f	d	c	c	. .	130b	c	467
1	*i*	29	46a	143a	d	d	. .	c	d	469
2	e	43	b	b	100a	98a	. .	d	85a	470
3	*i*	109	b	d	b	b	. .	131a	b	472
4	o_n	8	d	144c	101a	99a	. .	132a	d	477
5	a_n	49	d	c	a	a	. .	a	d	477
6	*i*	174	e	145a	b	b	. .	c	86b	479
7	e	70	47b	146c	102c	100c	. .	134a	87b	487
8	*i*	361	d	147b	103a	101a	. .	d	c	491
9	ie	19	48d	150d	105c	103c	. .	138a	89d	508
150	*i*	269	d	151a	d	c	. .	b	d	509
1	ie	13	49c	154a	107c	105b	. .	140c	91b	521
2	*i*	291	c	a	c	c	. .	c	c	521
3	a_n	31	50b	156c	109b	107b	. .	143a	93a	533
4	e	26	c	d	c	c	. .	b	b	535
5	*i*	53	c	157a	d	c	. .	c	b	536
6	ie	14	d	c	110a	108a	. .	144a	c	538
7	*i*	222	e	c	b	a	. .	a 9)	c	539
8	è . e	21	51c	159c	111c	109d	117b 10)	147c	94c	Mo. 250
9	ai . e [?]	48	c	d	d	d	c	c	d	
160	i	18	d	160a	112a	110a	d	148a	95a	
1	i . e	16	d	b	a	b	118a	b	a	
2	e . e	38	e	b	b	b	b	b	b	

9) Es folgen in den Doppeltext Hss. [vgl. Vietor § 3] JO folgende Tiraden: *è . e* 145. 46d, 109b, IV 547. *e . e* 145. 46d, 109b, IV 549. *o* 147a, 109c, IV 551. *i* 147a, 109c. — 10) Beginn von Da.

No.	Vocal.	Zeilen.	B	A	C	O	D	J	S	Ausgabe.
163	è	15	51e	160d	112c	110c	118c	148d	95c	
4	ó	7	e	d	c	d	d	d	c	
5	e	42	f	161a	c	d	d	149a	c	
6	i	95	f	b	d	111a	119a	b	d	Mo. 251
7	oi	24	52b	162a	113c	c	120a [11])	150b	96b	
8	u	16	b	b	c	d	—	—	—	
9	i	35	c	b	d	d	—	—	c	
170	e	27	c	d	114a	112a	123a	153b	97d	
1	i	26	d	163a	a	b	d	d	98a	
2	a_a	35	d	b	b	c	124a	154a	b	
3	u	30	e	c	c	d	c	d	d	
4	i	31	f	d	d	d	125a	155a	d	
5	ó	13	f	164b	115a	113a	a	a	99a	252
6	o_a ó	5	f	b	a	b	—	—	—	
7	o_a	29	f	b	a	b	b	b	a	
8	i	14	53a	c	b	b	c	c	b	
9	a_a	39	a	d	b	c	d	d	b	
180	i	17	b	165a		d	126c	156c	d	
1	a	8	b	b	d	d	c	c	d	
2	o_a	29	b	b	d	d	c	d	d	
3	i	35	c	c	116a	114a	d	d	100a	
4	è	33	d	d	b	b	127a	157a	a	
5	ò	12	d	166a	c	c	b	b	b	
6	a_a	35	d	b	c	c	a	c	b	
7	i	32	e	c	d	d	d	d	c	
8	u	19	f	d	117a	115a	d	d	c	
9	oi	10	f	167a	a	a	129c	159c	—	

11) **DaJ** weichen von jetzt ab des öfteren von **BACO** ab, wie denn allem Anscheine nach **J** im zweiten Theile eine Quelle gehabt hat, die mit **Da** im nächsten Connex gestanden haben muss.

No.	Vocal.	Zeilen.	B	A	C	O	D	J	S	Ausgabe.
190	i	58	53f	167a	117a	115b	128d	158d	101a	
1	a_n	63	54a	c	c	c	129d	159d	d	Mo. 253
2	oi	6	b	168a	d	116a	—	—	c	
3	e	25	b	a	118a	a	130d	160d	102b	
4	ó.e, o_n.e	16	c	b	a	a	131b	161a	o_n′ c	
5	i	29	c	c	b	b	b	b	c	
6	a_n	55	d	d	b	c	c	c	d	254
7	u	34	e	169a	d	d	132a	162a	103a	255
8	o_n, ó	33	e	b	119a	117a	o_n b	o_n a	a	255
9	i . e	17	f	d	b	b	c	b	b	256
200	è . e	34	f	d	b	b	c	c	b	256
1	e	35	55a	170a	e	c	133a	d	c	257
2	ie	17	a	b	d	d	c	163b	d	258
3	e	19	b	c	d	d	—	—	—	—
4	oi	23	b	d	120a	118a	d	c	104a	259
5	o_n.e, ó.e	18	c	d	a	a	134b	d	a	259
6	a_n	29	c	171a	b	b	b	164a	b	260
7	i	21	c	b	b	c	b	a	b	260
8	è.e	29	d	c	c	c	c	b	b	261
9	ie	49	d	d	d	d	d	c	c	261
210	i	16	e	172b	121a	119a	135a	d	d	262
1	a_n	20	f	b	a	b	c	165a	105a	263
2	è.e[?]	8	f	c	b	b	c	b	a	263
3	ie . e	21	f	c	b	b	d	b	a	264
4	o_n	10	f	d	c	c	—	—	—	—
5	a_n	41	56a	d	c	c	d	c	a	
6	i	40	a	173b	d	d	136a	c	b	

217	a_n.e	22	56b	173c	122a	120a	136b	166a	105b	
8	è.e	18	c	d	a	b	—	—	—	
9	u	18	c	d	b	b	c	b	c	
220	o_n	16	c	174a	b	c	d	b	c	
1	e	13	c	—	c	c	—	—	—	
2	ó	32	d	a	c	c	a_n', d è' d	a_n' } c è'	a_n' d è' d	
3	i	63	d	c	d	d	137b	d	106a	
4	a_n	25	e	175a	123b	121b	138a	167c	c	Mo. 265
5	ie	15	f	b	b	b	b	d	d	
6	è	13	f	b	c	c	d	168a	107a	
7	i	37	f	c	c	c	139a	b	b	
8	e	20	57a	d	d	d	b	c	b	
9	i	54	a	176a	d	d	c	d	b	
230	ie	22	b	b	124b	122b	140b	169b	d	266
1	e.e	11	c	c	b	b	—	—	—	
2	oi	25	c	d	c	c	c	c	108a	
3	ie	12	c	d[12])	c	c	141a	170a	b	
4	i	91	d	177a	d	d	b	b	b	
5	oi	39	e	d	125b	123b	142b	171b	109a	
6	o_n ó	8	f	—	c	c	—	—	—	
7	e.e	16	f	178b	c	c	d	d	c	
8	$è_n$	7	f	b	c	d	143a[13])	172a[13])	c[13])	
9	e	21	58a	c	d	d	144d	173b	—	
240	a_n.e	22	a	c	d	d	d[14])	b[14])	110d	267
1	$è_n$	11	a	d	126a	124a	145c	174a	111a	
2	e.e	26	b	179a	a	a	c	a	a	

12) In **A** zum Theil in eine a_n Assonanz umgeschrieben.

13) Folgen in **DaJS** die Tiraden *u* 143b, 172a, 109c; *oi* 143b, 172b, 109d; a_n 143c, 172b, 109d; darauf in **S** *i* 110b; *ie* 110c.

14) Folgt in **DaJ** die Tirade *i* 145a, 173c.

No.	Vocal.	Zeilen.	B	A	C	O	D	J	S	Ausgabe.
243	oi	15	58b	179a	126b	124b	146b	174c	111b	Mo. 268
4	i	46	b	b	b	b	b	c	c	
5	ie	50	c	c	c	c	c	175a	c	
6	i	55	d	180a	127a	125a	—	—	112a	
7	è.e	13	e	c	b	b	147a[15])	b[15])	c[15])	
8	ie	26	e	d	b	b	—	—	—	
9	a_n	81	f	181a	c	c	—	—	—	
250	i	74	59a	c	128a	126a	—	—	—	
1	ie.e	15	b	182b	c	c	150c	178c	114b	
2	i.e	10	c	c	c	c	c	d	b	
3	e.e	17	c	c	c	c	—	—	—	
4	ie	75	c	d	d	d	d	179a	c	
5	i.e	24	d	183b	129b	127b	e 151c	e d	e115a	
6	a[?]	26	e	c	b	b	c	d	a	
7	i.e	38	e	d	c	c	152a	180a[16])	b[16])	
8	e.e	61	f	184a	d	d	a	c	c	
9	o_n, ó	82	60a	d	130b	128b	d	d	o_n116a	
260	ò.e	12	b	185b	c	d	. .	181b	a	
1	u.e	58	c	c	d	d	. .	b	a	
2	a_n.e	19	d	186a	131b	129a	. .	d	b	
3	e	23	d	a	b	b	. .	182a	c	
4	ó	14	d	b	c	c	153a	a	c	
5	e	44	e	c	c	c	a	b	d	
6	è.e	13	e	d	d	d	c	c	d	
7	i	9	f	187a	132a	d	c	c	d	269
8	e	72	f	a	a	d	c	d	117a	
9	i.e	38	61a	d	c	130b	154b	183b	b	

15) Die folgenden 3 Tiraden in **DaJS** ersetzt durch *è.e* **J** 176a, **S** 112c; *ie* 176a, 112c; *u* 176b, 112c; a_n 176b, 112d; *è.e* 177a, 113b; *ie* **Da** 149a, **J** 177b, **S** 113c; *i* 149b, 177c, 113c; o_n 150a, 178b, 114b.
16) Folgt in **JS** die Tirade *è.e* 180b, 115c.

No.	Vocal.	Zeilen.	B	A	C	O	D	J	S	Ausgabe.
270	e.e	77	61b	188a	132d	130c	154c	183c	117b	
1	i	111	c	d	133b	131a	155b	184b	c	
2	e	120	e	189c	134a	d	156a	185b	118b	
3	i	48	62a	190d	d	132c	157b	186b	119a	
4	ie	32	b	191a	135a	d	d	d	b	
5	e	32	c	b	b	133a	158a	187a	c	
6	i	98	c	c	c	b	b	b	d	
7	o,	22	e	192c	136a	d	. .	188b	120b	
8	e	132	e	c	b	134a	. .	b	c	
9	i	145	63b	193d	137a	d	. .	189a	121b	
280	ie	25	d	195a	138a	135d	159d[17]	190d[17]	122b[17]	
1	e.e	42	e	b	a	136a	160a	191a	b	
2	i.e	13	e	c	b	b	c	c	c	
3	e	12	f	c	c	b	d	d	d	
4	o,	13	f	d	c	b	d	d	d	
5	i	150	f	d	c	c	161a	192a	d	
6	e	63	64c	197b	139d	137c	162d	193c	123d	
7	oi	15	d	d	140a	d	163c	194b	124a	
8	i	40	d	198a	b	138a	c	c	b	
9	e	86	e	b	c	b	164a	195a	b	
290	i	83	f	199a	141a	d	d	d	d	
1	ie	14	65a	c	c	139b	165c	196b	125b	
2	e	47	b	d	c	b	d	c	b	Mo. 270
3	i	111	c	200a	d	c	166b	197a	c	
4	a,	31	d	201a	142c	140b	167b	d	126b	271
5	e	116	e	b	d	c	c	198a	c	
6	i	214	66a	202b	143c	141b	168c	199a	127a	

17) Folgt in DaJS eine *e* Tirade.

No.	Vocal.	Zeilen.	B	A	C	O	D	J	S	Ausgabe.
297	o_a, ó	12	66e	204a	145d	142c	170c	201a	128b	Mo. 272
8	e	7	e	b	d	d	d	a	b	
9	i	13	e	b	146a	d	d	b	b	
300	ie	58	e	b	a	d	171a	b	c	
1	e	18	f	d	c	143b	113b	d	d	
2	i	54	67a	205a	c	b	c	202a	d	
3	ie	38	b	c	d	c	171d	b	129a	
4	a_s	19	b	d	147a	d	172b	d	b	
5	o_e	17	c	206a	b	144a	c	203a	b	
6	i	66	c	a	b	a	d	a	c	
6*	a_s . e	(5)	—	c	d	c	173a	c	d	
7	ie	105	d	d	d	c	a	c	d	
8	i	35	f	207c	148c	145b	174a	204a	130b	
9	e	62	68a	d	c	c	b	b	c	
310	u	31	b	208b	149a	d	d	d	d	
1	a_s	68	b	c	b	146a	175a	205a	131a	
2	i	63	c	209b	c	c	c	c	b	
3	ie	154	e	d	150a	d	176a	206b	d	
4	e	58	69a	211a	151a	147d	d	207a	132a	
5	i	110	b	c	c	148b	177b	b	b	273
6	ie	57	d	212c	152a	149a	116b	208b	d	
7	a.e[?]	8	e	d	c	b	c	d[18])	133b[18])	
8	e	61	e	213a	c	b	c	209a	b	
9	ie	131	f	c	d	c	179b[19])	c[19])	c	
320	i	32	70c	214c	153d	150c	180b	210c	d	
1	e	22	c	d	d	d	c	d	134a	
2	ie	22	d	215a	154a	d	d	d	a	

18) Folgt in J [S?] eine *ie* Tirade von 5 Zeilen. — 19) In DaJ zum Theil durch eine *e* Tirade ersetzt.

No.	Vocal.	Zeilen.	B	A	C	O	D	J	S	Ausgabe.
323	a_a	13	70d	215a	154a	151a	181a	211a	134b	
4	o_a	7	d	b	b	a	b[20])	b[20])	b	
5	i	15	d	b	b	a	b	b	b	
6	e	52	e	b	b	b	c	c	b	
7	a_a	33	f	d	d	c	d	d	d	
8	ie	93	f	216a	d	d	182a	212a	d	
9	e	55	71b	d	155c	152b	183a	213a	135b	
330	i.e	35	c	217b	d	c	c	c	c	
1	i	37	c	c	156a	d	d	d	d	
2	e	17	d	d	b	153a	184a	214a	136a	
3	oi	42	d	218a	b	a	a	a	a	
4	u	44	e	b	c	b	c	c	b	
5	e	37	f	d	d	c	d	d	c	
6	ie	11	f	219a	157a	d[21])	185b	215a	d	
7	a_a	50	72a	a	a	. .	b[22])	b	d	
8	i.e	33	a	c	c	. .		c	137a	Mo. 274
9	i	91	b	d	d	. .		d	b	
340	ie	35	d	220c	158b	. .		216d	c	
1	e	56	d	d	c	. .		217a	d	
2	ie	67	e	221b	d	. .		b	138a	
3	o_a	50	73a	d	159b	. .		d	b	
4	i	72	a	222b	c	. .		218b	c	
5	e	49	c	223a	160a	. .		219a	139a	Mo. 275
6	ie	24	d	b	b	. .		b	b	
7	u	22	d	c	c	. .		c	b	
8	a_a	46	d	d	c	. .		d	c	
9	ie	31	e	224a	161a	. .		220b	d	

20) Folgt in DaJ eine *e* Tir. — 21) Hier bricht O ab. — 22) Für die folgenden Partien steht uns eine Copie von Da nicht zur Verfügung.

No.	Vocal.	Zeilen.	B	A	C	O	D	J	S	Ausgabe.
350	e	56	73f	224b	161a			220c	139d	
1	i	88	74a	d	c			221a	140b	
2	e	63	b	225c	162a			c	c	Mo. 276
3	i	68	c	226a	c			222a	141a	
4	i.e	7	e	d	d			c	b	
5	u	17	e	d	d			c	b	
6	a_n	31	e	d	163a			d	b	
7	oi	20	f	227a	b			223a	c	
8	i	50	f	b	b			a	c	
9	i.e	30	75a	d	c			c	d	
360	a_n	32	a	228a	d			d	142a	
1	e	57	b	b	164a			224a	b	
2	ie	44	c	d	c			c	b	
3	u	22	d	229a	d			d	c	
4	a_n	44	d	b	d			225a	d	
5	e	32	e	c	165b			b	143a	
6	ie	26	e	230a	c			c	b	
7	e	48	f	a	d			d	b	
8	a_n	37	76a	c	166a			226a	c	Mo. 277
9	i	37	a	d	b			c	d	
370	ie	63	b	231b	c			d	144a	
1	e.e	24	c	d	167a			227c	c	
2	e	23	d	d	a			c	d	Mo. 278
3	i.e	28	d	232a	b			d	145a	
4	i	16	e	b	c			228a	b	
5	ie	15	e	c	c			b	c	
6	e	22	e	d	168a			b	c	

No.	Vocal.	Zeilen.	B	A	C	O	D	J	S	Ausgabe.
377	i	55	76f	232d	168b			—	—	
8	e	45	77a	233b	d			228c	145c	
9	i	22	a	d	169a			{ $\bar{a}_a$. e d	{ a_a . e d	
380	e	12	b	d	a					
1	i	63	b	234a	b			d	d	
2	o_a . . e	12	c	c	c			229a	146b	
3	u	14	c	c	d			b	b	
4	ie	25	d	d	d			b	b	
5	e	44	d	235a	170a			c	c	
6	i	104	e	b	b			230a	d	
7	o_a	16	78a	236b	d			231b	147a	
8	e	131	a	b	171a			c	b	
9	ie	13	c	237c	d			232d	148a	
390	e . e	28	c	c	d			d	a	
1	i	23	d	d	172a			233a	b	
2	o_a	32	e	238a	b			c	b	
3	e	14	e	c	c			d	c	
4	i	57	f	c	d			d	d	
5	a_a	20	79a	239a	173a			234b	149a	
6	ie	33	a	b	b			c	a	
7	i	56	b	c	c			d	b	
8	e	36	c	240a	d			235b	c	
9	o_a	12	c	b	174a			c	d	
400	a_a	30	c	b	a			d	d	
1	e	41	d	c	b			236a	d	
2	i	30	e	241a	c			c	150b	
3	i . e	18	e	b	d			d	b	

No.	Vocal.	Zeilen.	B	A	C	O	D	J	S	Ausgabe.
404	u	12	79f	241c	174d			236d	150c	
5	e	83	f	c	175a			237a	c	
6	e.e	19	80a	242b	c			d	151a	
7	a.	20	b	b	c			d	a	
8	i	33	b	c	d			238a	b	
9	ie	32	c	d	176a			b	b	
410	i	48	c	243a	a			c	c	Mo. 279
1	a	40	d	c	c			239a	d	
2	e	65	e	d	d			b	152a	
3	i.e	25	f	244b	177a			d	b	
4	i	28	81a	c	b			240a	b	
5	ie	51	a	d	c			b	c	
6	i	68	b	245b	d			c	d	
7	i.e	34	c	d	178b			241b	153a	
8	u	16	d	246a	c			c	b	
9	a.	31	d	b	c			c	b	
420	i	39	e	c	d			d	c	
1	e	76	f	d	179a			242b	c	
2	i	91	82a	247c	c			d	154a	
3	a.	53	b	248b	180a			243c	c	
4	ie	49	c	c	c			244a	d	
5	e	54	d	249a	d			c	155a	
6	i	74	e	c	181b			245a	b	
7	e	51	f	250a	c			c	d	
8	ie	31	83a	c	d			246a	d	
9	u	12	b	d	182a			b	156a	
430	o.	24	b	251a	b			b	a	

No.	Vocal.	Zeilen.	B	A	C	O	D	J	S	Ausgabe.
431	i	66	83b	251a	182b			246c	156b	
2	a_n	30	c	d	183a			247b	c	
3	a	50	d	252a	b			c	d	
4	e	152	e	b	c			248a	157a	
5	e . e	17	84b	253c	184c		220a	249b	d	Mo. 280
6	*i*	119	b	d	c		b	b	d	
7	u	12	d	254d	185b		221b	250b	158c	
8	*i*	45	d	d	b		c	c	c	
9	ie	14	e	255b	c		d	d	d	
440	e	142	e	b	d		d	251a	d	
1	*i*	53	85b	256c	186c		223b	252b	159c	Mo. 281
2	o_n, ó	19	c	257a	187a		d	d	160a	
3	*i*	75	c	a	b		224a	253a	a	
4	e	19	d	d	d		225a	d	c	
5	*i*	64	e	d	188c		226a	255a	161b	
6	e	327	f	258c	189b		227a	d	b	
7	*i*	25	86f	261b	191c		. .	258d	. .	

Tir. 19, 29, 42 lies als Assonanzvokal: *i . e*, Tir. 30: o_n . e. Die Zeilenzahl ist die von ***B***, welche Hs. ja im Grossen und ganzen den Text am besten überliefert hat.

Betrachten wir diese 448 Tiraden umfassende Tabelle [bei deren Aufstellung nur der Wechsel des Assonanzvocals massgebend gewesen ist, nicht aber etwa ein neuer grosser Initial] etwas näher, so zeigt sich, dass von Tirade 38—158 fast regelmässig sich ein Wechsel zeigt zwischen einer Tirade auf *i* und einer Tirade auf einen beliebigen anderen Vocal. Unterbrechungen finden Statt durch die Tiraden 41, 75, 87, 94, 111, 116, 145 und 154, von denen aber, wie wir sehen werden, die eine und andere zwar in der uns erschliessbaren Redaktion gesichert ist, aber ohne Beeinträchtigung des Inhalts fortfallen kann, daher in einer früheren Redaktion, um deren Ermittelung es uns ja bei unserer Arbeit zu thun ist, sehr wohl hat fehlen können. Diese Künstelei ist offenbar nur die Vorstufe zu der schon erwähnten Erscheinung im Hervis de Mes, dessen Dichter die Regelmässigkeit dadurch noch verstärkte, dass er die Tiraden auf beliebigen Vocal ersetzte durch solche auf einen bestimmten, nämlich auf *e*. Der Wechsel beginnt, wenn wir die der Tirade 38 voraufgehende Tirade noch mit hinzunehmen, *B* 6f 39, *A* 20b 18, *C* 13b 30, *J* 18c 10, *O* 9b 26, d. h. mit der Episode, als nach dem Zuge nach Moriane die bis dahin befreundeten Garin und Fromont am Hofe zu Laon um den Besitz von Val-parfonde und Moriane sowie um die Hand der Blancheflor in Streit gerathen.

Wenige Zeilen vorher heisst es in *BCJO*:

> Chancons commence de grant efforcement
> Ainc ne fu mieudre en cest siecle vivant.

Der Schluss steht *B* 51c 17, *A* 159c 15, *C* 111d 3, worauf nach der Fassung von *B* folgt:

> Ce fu en mai que primevoire carche
> Et oisial cantent al matin et al vespre
> Li lossegnos li maluis et la melle
> Tote doucors se decendent sor terre.

Schon Vietor hat vermuthet, dass an letzterer Stelle ein Abschnitt vorliege oder vielmehr schon einige Zeilen vorher: *B* 51b 33

> Grans fu la guerre qui ja ne prendra fin
> Apres les mors le reprendront li vif.

Unsere Beobachtung stützt diese Vermuthung, wir werden aber später sehen, dass sich noch weitere Argumente dafür beibringen lassen. Auch für den Beginn unserer Passage ist es wahrscheinlich, dass dort ein Abschnitt, vielleicht der ursprüngliche Anfang eines Liedes vorhanden ist, wie sich das später noch des Weiteren ergeben wird.

Allerdings findet sich schon vorher eine kleinere Passage, in der sich dieselbe Regelmässigkeit zeigt, Tirade 13—24 unterbrochen durch Tirade 19. Auch später zeigt sie sich noch, so vor Allem am Schluss, Tir. 436—447, unterbrochen durch 440, aber das kann unseres Erachtens die Auffälligkeit und Wichtigkeit dieser Erscheinung nicht abschwächen und dass eine solche Regelmässigkeit bei ihrer grossen Ausdehnung keine zufällige sein kann, sondern beabsichtigt ist, liegt wohl ziemlich klar vor Augen, während ihr sporadisches Auftreten an anderen Stellen, wenn nicht auf Zufall, wohl auf Nachahmung beruhen kann, und vielleicht dem Dichter, der der ganzen Chanson die uns vorliegende Gestalt gab, zu verdanken ist.

Zu beachten ist auch die grosse Verschiedenheit in der Länge der Tiraden in den verschiedenen Partien. Tirade 40 hat nach *B* 636 Zeilen und steht zwischen Tiraden von 10 und 6 Zeilen, Tir. 47 mit 683 Versen zwischen Tiraden von 6 und 7 Versen. Tirade 55 und 57 mit 525 resp. 508 Zeilen sind getrennt durch eine Tirade von 15 Zeilen. Aehnlich bei Tirade 65. Die Tiraden 71 und 97 zählen gar 1546 bezw. 1195 Verse, letztere zwischen Tiraden von 9 und 4 Zeilen. Von Tirade 157 ab hört dieser grosse Unterschied jedoch auf. Mehr als 100 Zeilen zeigen nur noch die Tiraden 271, 272, 278, 279, 285, 293, 295, 296, 307, 313, 315, 319, 386, 388, 436, 440 und 446 und von diesen nur 296 und 446 mehr als 200 Verse.

Ebenso wie aber das grosse Schwanken in der Länge der Tiraden nach *B* 51b im Wesentlichen aufhört, fängt es auch erst mit Tirade 37 [*B* 6f 39] an, d. h. an derselben Stelle, wo auch die Assonanzkünstelei beginnt, wie diese ja auch aufhört mit *B* 51b.

Hierzu kommt noch eine Besonderheit, die wir im folgenden § besprechen wollen.

§ 2. Schon Fleck sagt in der vollständigen Ausgabe seiner Dissertation [Marburg bei Elwert 1877] p. 51: »Das ganze etwa 30000 Verse zählende Gedicht bietet bis Fo. 159 [nach *A*, d. h. bis zum Aufhören der Assonanzkünstelei] fast eine fortlaufende *i* Tirade. [Auch Prof. Suchier ist, wie mir mitgetheilt wird, der Ansicht, dass vielleicht die anderen Tiraden nicht ursprünglich seien, sondern wenigstens der erste Theil ursprünglich eine fortlaufende *i* Tirade gedildet habe]. Der übrige Theil zeigt mehr Abwechselung«. In wie weit der erste Satz zu modifizieren ist, haben wir gesehen; sehen wir nun aber weiter zu, wie es sich mit dem Anderen verhält.

Bis Tirade 157 finden sich nur die Assonanzvokale: *é*, *é.e*, *i*, *i.e*, *a*, a_n, $a_n.e$, *ò*, o_n, $ó_n.e$ und *ie*. Alle vorkommenden *e* Tiraden enthalten nur *é*, ebenso wird *o* vor Nasal nur unter sich gebunden, so Tir. 6, 11, 27, 30, 36, 41, 70, 75, 94, 130 und 144 gegenüber der oralen *ò* Tir. 84, während sich Tiraden auf *ó*, in denen *o* vor Nasal vorkommen könnte, nicht finden. Gleich aber Tirade 158 enthält *è.e*, ebenso die Tiraden 200, 212, 218, 247, 266, 317; *è* Tir. sind 163, 184, 226; auf ai_n [d. h. auf lat. *a* vor einfachem Nasal] assoniren 238, 241; auf *u.e* 261. o_n Tir. finden sich zwar auch noch: 182, 214, 220, 277, 284, 305, 324, 343, 348 [?], 383 [weiblich], 399 und 430, auch *ó* Tir. 164, 175, 222 und 264, dazu aber auch eine Anzahl Tir., in denen *o* vor Nasal gebunden ist mit *o* vor Nichtnasal, nämlich 176, 194 [w.], 198, 205 [w.], 236, 259, 297, 442, so dass sich zwar nicht erkennen lässt, dass auch in den späteren Theilen des Gedichts, der Zeit entsprechend, die Tendenz waltet, o_n und *ó* geschieden zu halten, aber eben auch nur die Tendenz, während in den früheren Partien beide Vokale streng geschieden sind [23]). Tiraden auf *ò*, in denen *o* vor Nasal nicht vorkommen kann, finden sich 185 und 260 [weibl.].

---

23) Wenn Engelmann in seiner Dissertation »Ueber die Entstehung der Nasalvokale im Afrz. Halle 1882« behauptet, dass im Afrz. jeder

Ferner findet sich in den früheren Theilen des Gedichtes keine einzige *oi* Tirade, wohl aber mehrere in den späteren, nämlich die Tir. 167, 189, 192, 204, 232, 235, 243, 287, 333, 357, und zwar finden sich in denselben Worte, die früher nur in *i* Tir. vorkommen [vgl. Fleck p. 55. no. 7]. Schwierigkeiten hinsichtlich ihrer Lautbestimmung machen die Tir. 159, 181, 256. Endlich sei noch erwähnt, dass auch die weibl. Tiraden von 157 an häufiger werden; während sich unter den 157 Tiraden des 1. Theils nur 8 oder 5% finden, sind es in den folgenden 291 deren 46 oder 16%, also die dreifache Zahl.

Diese Verschiedenheiten sind sicherlich kein blosser Zufall, sondern deuten unserer Meinung nach auf verschiedene Verfasser [oder Redaktoren] hin.

---

nasale Vokal — mit Ausnahme des nasalen *a* — mit dem entsprechenden oralen Vokal assoniren konnte und damit die Ansicht Malls und Rambeaus widerlegt zu haben meint, so hat mich seine Beweisführung nicht überzeugen können. Denn einerseits verwendet er vielfach Texte, die nur in unkritischen Ausgaben oder nur in einer Hs. vorliegen, andererseits aber berücksichtigt er nicht die Zeit der Abfassung der einzelnen Werke, denn die einzelnen Nasalvokale haben sich erst nach und nach entwickelt, und können daher früher Bindungen zulässig gewesen sein [ich erinnere nur an die Bindung von *a* vor einfachem Nasal und *a* vor mehrfachem Nasal im Roland], die später bei verändertem Lautstand nicht mehr möglich sind, während auch umgekehrt später Bindungen möglich sind, die es früher nicht waren [wie z. B. die Bindung von lat. *ĭ* vor mehrfacher Consonanz mit *ĕ* und heut zu Tage die Bindung von *e* aus lat. *ĕ* vor mehrfacher Consonanz mit *e* aus lat. *a*, sofern der hinter demselben stehende Consonant nicht verstummt ist]. Auch hat E. meiner Meinung nach die dialektische Seite der Frage nicht genügend behandelt. Was in einem Dialekt möglich ist, braucht noch nicht für den anderen zu gelten. Wenn er endlich, sich gegen Schoppes Arbeit über Metrum und Assonanz der Ch. de geste Amis und Amiles wendend, erklärt, dass er *i*, *ie* und *u* für Nasalvokale halte, nur dass er dem *in* nicht die Aussprache *èn*, sondern die des part. nasalen *i* zuschreibe, so ist das denn doch nur ein Spiel mit Worten, denn es ist ja doch in vielen Fällen gar nicht möglich, den genauen Lautwerth der Vokale des Afrz. zu bestimmen, und wenn man davon spricht, dass im Afrz. nasales *i* mit oralem *i* nicht gebunden werde, so heisst das doch nichts Anderes, als dass das *i* vor Nasal nicht die heutige Aussprache gehabt haben kann, sondern eben noch *i* geklungen haben muss, mit welcher Nüance, ist allerdings nicht zu sagen.

§ 3. Bisher hat man allgemein angenommen, die Ch. des Loherains sei ein assonirendes Gedicht; dies gilt aber nur mit der Modification, dass sich an vielen Stellen mehr oder minder deutlich Tendenz zum Reime findet und zwar in allen Theilen des Gedichtes, am deutlichsten aber wiederum bis *B* 51c 17. Dabei ist jedoch zu beachten, dass die *i* Tiraden, die ja, was den Umfang anlangt, die bedeutendsten sind, diese Neigung nicht zeigen. Von *B* 51c ab verrathen unter den 271 übrigen Tiraden noch etwa 60 diese Neigung. [Genau lässt sich das nicht bestimmen, weil man ja nicht sagen kann, wie weit die Neigung im Einzelnen geht und was nur Zufall ist]. Streng gereimt sind von diesen noch 9, nämlich 175, 224, 277, 324, 387, 389, 390, 393 und 430.

Führen wir zum Beweise einige dieser Tiraden an, unter Zugrundelegung von *B*.

Tir. 387 lautet *B* 78a 14:

Tant a erre Garins li frans baron
15 Et avec lui .XV. mil compagnon
Que en Gascogne entrerent a bandon
Par desos Ais se logent el sablon
18 Li rois Gerbers estoit en son dongon
Et vint l'ensegne dont d'or ert li dragon
Ses gens apele ses a mis a raison
21 Segnor dist il oies que nos feron
Ves la Gerin fil mon oncle Begon
A cest mot monte sor .j. mul aragon
24 D'Ais en issi sans nule arestison
Gerins estoit devant son pavillon
Com vit Gerbert si grant joie n'ot hom
27 Il le salue que molt sot de raison
Et Gerbers lui puis descent de l'arcon
Baisier li vait la bouche et le menton.

14 = A fiu Buevon C — 17 = A entrerent C — 18 = A i entra a bandon C — 19 Il vit AC; ou ot d'or .j. A o d'or ert le C — 21 entendez que C; diron AC — 23 desor A desus C [171a]; .j. Arragon AC — 24 dont A; s'en AC; n'i fist a A — 26 Cant A Giraut C — 28 = A; car molt sot de reson C

Tir. 389 [*B* 78c 48]:

48 Vait s'en Gerbers n'i vot plus delaier
O lui Gerins que dex gart d'encombrier
Li quens Hernaus et Fromondins li fiers
51 En lor compagne .LX. milier
De bone gent por lor cors aaisier
Mavoisins porte l'ensegne tot premier

54 Li rois Gerbers li avoit fait baillier
De lui ot fait maistre confanonier
Tant ont erre tot le cemin plenier
57 Que de St. Gile coisirent le clocier
d1 Dont font lor gent armer et haubergier
En .III. escieles les ont faites rengier
3 Et en cascune firent .XIII. milier

48 ne se vost delaier **AC** — 49 que molt fet a proisier **C** — 51 .LIII. **AC** — 52 p. l. armes baillier **A** p. son segnor aidier **C** — 54 l. ot faite b. **A** la li ot fet b. **C** — 56 = **A** le droit c. p. **C** — 57 mostier **AC** — 3 = **C** .XV. **A**

Tirade 390 [*B* 78d 4]:

Li rois Gerbers a sa gent ordenee
En .IIII. escieles parti et devisee
6 XIII. mil furent en cascune asanblee
Li rois Gerbers a la premiere amenee
Al conte Henraut en a l'autre livree
9 Li rois Gerins a la tierce guiee
Et Fromondins a la ciere menbree
En a la quarte conduit et chaelee
12 Gerbers les voit si lor fist encriee
Segnor dist il por la virgene honoree
Al bien ferir ait cascuns sa pensee
15 Se poons vaintre ceste gent deffaee
Bone aventure nos auroit dex donee
Car grant honor auriens recovree
18 Et cil respondent tot a une huee
Chevaucies sire sans nule demoree
Qui vos faura si soit s'arme dampnee
21 A icest mot s'est l'os acheminee
Et chevaucicrent le fons d'une valee
Gerbers devant a la ciere manbree
24 Et Mavoisins a l'enseigne portee
Contre le vent l'avoit desvolepee
Paien estoient d'autre part en la pree
27 N'i ot celui n'eust la teste armee
St. Gile asalent par devant a l'entree
La ot grant cri et grant noise menee
3 Cil dedens traient quarriaus a la volee
Le jor i ot mainte arme desevree

5 = **A**; .II. e. la p. et sevree **C** — 6 fehlt **C**; .XV. **A** — 7 = **C** [172a] aguiee **A** — 8 avoit l'autre **AC** — 10 = **C** a la quarte menee **A** — 11 fehlt **A** Si a l. **C** — 12 escriee **AC** — 14 = **A**; A **C** — 16 = **C** ara **A** — 17 = **C**; Et .. i arons **A** — 19 = **C** ne faites d. **A** — 23 = **A** [273d 4] G. chevalche **C** — 25 = **A** la tint **C** — 26 = **A** a serree **C** — 27 = **A** N'i a **C** — 28 Si s'entrassaillent **A**; li paiens a **C** — 29 levee **AC**

Greifen wir endlich auch aus den ersten Theilen die eine oder andere Tirade heraus. Tir. 48 [*B* 12d 34] lautet:

Or s'en va Fouques dolans et irascu
N'ot mais tel dol puis l'ore que nes fu
36 Molt fu dolans de co qu'il a perdu
Iusc'a Verdune n'i ot resne tenu
Begues cheuauche a force et a vertu
39 Iusc'a Monclin enson le tertre agu
Il et son ost en sont trestot venu

35 Si grant duel n'ot des l'ore **A** N'ot si grant duel des l'ore **C** — 36 = **C** ot p. **A** — 37 Tresqu'a **AC** — 39 Vint a. desor **AC** folgt Viut le trova pris l'a et retenu **AC** — 40 Iusc'ou chastel **A** Iusc'a Chastel Tieri en sont v. **C**
folgen: Si l'ont parforce contre terre abatu
Dont s'en tornerent n'i ont plus atendu **A**

Endlich noch Tir. 91, die nur Tendenz zum Reim zeigt [*B* 51b 51]:

51 Grans fu la joie con Rigaus fu venus
Fils dist li pere dont estes vos issus
U est quens Begues li hardis coneus
54 Et dist Rigaus mal somes avenus
Mors est li dus tot somes confondu
Li nobles princes a la fiere vertu
57 Hervis l'entent molt en fu esperdu

51 = **A** Grant joie firent **CD** — 52 = **AC** tu es molt esperduz **D** — 53 = **AC** dus B. **D** — 55 = **D** li quenz **AC** — 56 = **C** Li gentils **AD**

Die Mehrzahl der reimenden Tiraden des zweiten Theils sowie derjenigen Tiraden desselben, die nur die Tendenz zum Reime zeigen, drängt sich auf den Schluss zusammen, nämlich von *B* 77e 20 ab, nachdem sich Gerbers mit der Tochter des Ys de Gascogne vermählt hat und nun der Krieg mit Amadas de Terasconne beginnt. Die Partie *B* 51c — 77e zeigt also nur einzelne Tiraden, die das Bestreben zum Reime zeigen und zwar entweder in nasalen Tiraden oder in solchen auf *é . e.* Anders jedoch steht es in der Anfangspartie, in den 157 Tir. bis *B* 51c; hier sind es 78 Tiraden, die zum Theil gereimt sind, zum Theil unverkennbar die Tendenz dazu zeigen, also gerade die Hälfte; dieser Prozentsatz wird noch bedeutend grösser, wenn wir die 69 *i* Tir. abziehen, die wie bemerkt nicht gereimt sind, indem dann unter den 88 restirenden Tiraden 78 ganz oder theilweise reimen, und von den 10 nicht gereimten Tir. wieder 6 auf Mort Begon kommen.

Also auch hier zeigt sich wiederum eine grosse Ungleichheit in den einzelnen Partien, die auch kein blosser Zufall sein kann und unseres Erachtens auch dafür spricht, dass an der mehrfach berührten Stelle *B* 51b in der That ein Abschnitt vorhanden ist. Aber auch an einer andern Stelle wird uns ein Einschnitt offenbart.

Bekanntermassen fällt die Abfassungszeit der erschliessbaren Redaktion etwa ins zweite Drittel des 12. Jahrh. [vgl. Fleck p. 62 und Paris, Garins I. 42. Anmerkung über die Kirche St. Pierre in Troyes]. Aller Wahrscheinlichkeit nach aber geht dieser im ersten Theil grosse Neigung zum Reim verrathenden Redaktion eine andere rein assonirende vorauf, die wir wohl in die zweite Hälfte des 11. Jahrh. versetzen dürfen. Nun heisst es aber *B* 44a 16, *A* 136b 25, *C* 96b 7:

Endementiers a li dus [sc. Garins] la crois pris

und *B* 44b 23, *A* 137b 29, *C* 96c 32:

Io ai le crois et si vois deu servir.

Dies kann aber doch erst nach 1096 geschrieben sein, so dass diese Stelle in der rein assonirenden Redaktion nicht wohl gestanden haben kann. Es fällt damit die Verbindung der Vengeance Begon mit der Vengeance Garin.

§ 4. Gehen wir nunmehr zur Betrachtung noch einer weiteren metrischen Eigenthümlichkeit über.

Unter den zahlreichen Formen der prov. Poesie befindet sich auch die cobla capfinida, von der die leys d'amors I, 280 sagen:

»Ara cove que tractem de las coblas parsonieras et aprop de las sentencials. E son dichas parsonieras quar en partida se fan per maniera d'orde et en partida per maniera de sentensa; e per so pauzam las parsonieras entre las ordinals e las sentencials ..... Ayssi meteysh, quos fay per bordas, se pot far per coblas. Esta cobla es apelada capfinida, per so, quar en ayssi quo fenish la us bordos e per aquela meteyssha dictio sillaba oratio commensa le seguens bordos et en ayssi vezetz que en aquesta cobla hom garda orde, sos assaber lo cap e la fi, e per so ha nom capfinida ..... Encaras may devetz saber, ques pot far per autra maniera, sos assaber con la seguens cobla comensa per aquel meteysh bordo ques pauzatz totz derriers en la preceden cobla o con li duy bordo derrier de la primiera cobla son repetit en la segonda; et de questa maniera no uzam gaire«.

Zahlreiche Beispiele für diese Cobla sind gesammelt worden von Bartsch in Eberts Jahrbuch I 178–180. P. Meyer hat dann zuerst darauf hingewiesen, dass sich diese Coblas auch in der Epik finden und zwar speciell in dem poème de la guerre de Navarre [vgl. Bibl. de l'école des chartes 6ᵉ sér. I, 410] und später in der Prise de Pampelune [Recherches sur l'épopée fr. 45]. Unabhängig von ihm hat auch Weddigen in seiner Dissertation: Étude sur la composition de la ch. de Roland Schwerin [Rostock] 1874. p. 9–13 das Vorkommen derartiger Tiraden-Anfänge für die ch. de Rol. besprochen und die einschlägigen Beispiele gesammelt, ohne übrigens auf die prov. analoge Erscheinung hinzuweisen. Zuletzt hat sich darüber Thomas in seinen Nouvelles recherches sur l'entrée de Spagne p. 16 und 17 [Bibl. des écoles fr. d'Athènes et de Rome XXV] geäussert.

Eben dieselbe Erscheinung findet sich nun auch in der Chanson des Loherains, bald mehr bald minder deutlich.

Geben wir einige Beispiele.

B 5e 50, *C* 10d 12:

Ains ore tierce entrent en la cite.
Li mecage entrent en la nobile cit.

B 30c 28, *A* 97b 19, *C* 66a 8:

Garins chevauche qui le corage ot fier
Garins chevauche qui le cuer ot mari

B 34e 17, *A* 109d 26, *C* 75b 18:

Hues depart ses gens en sont ale
Rigaus en va a Loon la cite
Vait s'en Rigaus li fix al duc Hervi
Et la novele en vint a St. Quentin
Que Hues fait sa grant gent departir.

B 63f 12, *A* 195d 9, *C* 138c 22, *D* 160d 28:

A la rescosse poignent .CCC. arme
De la maisnie Fromont le viel barbe
A La rescosse do bon vassal Huon
Poignent ensanble li chevalier baron

B 67e 22, *A* 207c 15, *C* 148c 4:

Ja fust li plais plevis et fiancies
Com Haguenons es paroles se fiert
Bien fust li plajs fiancies et plevis
Com Haguenons es paroles se mist

B 69d 39, *A* 212b 30, *C* 152a 32:

Hues le voit a Fromondin revint
A Fromondins est Hues repairies

B 57b 22, *A* 228b 9, *C* 164a 20:

Es vos .I. mes qui al perron descent
A grant besoing monte el palais laiens
Li messagiers est el palais montes

B 83a 29, *A* 250c 16, *C* 181d 36:

Quant il fu sus si mena grant fierte
Co qu'il chai sera chier compare
Voi le Fromons do sens quida derver
En Mavoisins ot molt bon chevalier
Le cheval broche des esperons d'or mier
Il tint l'espee al poing d'or entaillie
Qui il consuit a la mort est jugies
.III. Bordelois lor a jus trebucies
Co qu'il chai lor fist comparer chier
Voi le Fromons vis quida esragier.

s sind dies Beispiele aus allen Theilen des Gedichts. Im Theil, d. h. bis *B* 51, finden sich unter den 157 Tiraden 32, die mehr oder minder deutlich die cobla capfinida ugen, also 20%; unter den 291 Tiraden des 2. Theils sind es 9 oder 24%. Der numerische Unterschied ist also nicht gross. nders dagegen verhält es sich, wenn wir die mehr oder inder grosse Genauigkeit ins Auge fassen. Dann giebt es ar auch im 1. Theile solche coblas capfinidas, die genau sind, B. *B* 30c 28, 34d 39, 34e 23, 44a 25, und auch im 2. solche, weniger genau sind, wie z. B. *B* 52f 4, 58a 22, 59c 11 w., aber die grösste Mehrzahl im 2. Theil ist genau, so s sich auch hier wieder ein Unterschied ergiebt.

Hier müsste nun eigentlich noch eine Untersuchung über Caesur wie über die syntaktische Behandlung des 10-Silbners überhaupt folgen. Da aber weder der kritische Text der Chanson vorliegt, noch mit Ausnahme einer erst bei Drucklegung dieser Arbeit in A. A. XIII erschienenen Abhandlung von Reissert »die syntaktische Behandlung des 10silbigen Verses im Alexius und Rolandsliede« verwerthbare Vorarbeiten vorhanden sind, so wenden wir uns nunmehr im folgenden § zur Betrachtung der Staffage.

§ 5. In der Jenaer Literaturzeitung 1878 p. 633 hat Stengel zuerst darauf hingewiesen, dass in der Ch. de Rol. die beiden Baumarten, *olivier* und *pin* der Art vertheilt sind, dass der *olivier* stets nur in Verbindung mit den Sarazenen gebraucht wird, der *pin* dagegen nur mit Bezug auf die Franzosen[24]). Derartiges findet sich auch in unserem Gedicht.

---

24) Zu vergl. ist noch Perschmann in A. A. III, 5 zu vs. 11 der Ch. de Rol., und die Nachträge dazu p. 175. Prof. Stengel bemerkt dazu noch Folgendes: »G. Paris, Rom. XI, 500, Anmkg. 3, meint *que notre texte* [das lat. Gedicht *De prodicione Guenonis*] *montre l'inanité de cette observation, que réfute encore le vers connu de Conrad sur le conseil de trahison de Marsile et de Guenelon*: 'Diez heizet der Pinrat'. Aber beweist dR 2411-13: *Thiz heizet ther pinrât, Wande iz allez gevrumet wart under eineme pineboume* wirklich, dass Rol. 407 die Lesart von O *Un faldestoet out suz l'umbre d'un pin* beizubehalten ist, statt etwa nach V⁴V⁷V und dR 1920 (vergl. Bartsch Anm.) dS 2479 dK 447, 21 zu lesen: *Un faldestoel suz l'olive ot d'or fin?* Man beachte, dass dR 2411 in 2178 vorausgeht, dass Guenelon sich in Folge des Zornausbruches des Marsilion unter einen »bineboum« (= O 500) zurückgezogen hat. Was lag für den Verfasser von dR (weder dK noch dS haben etwas dR 2411-3 entsprechendes) da näher, als die Verrathscene selbst auch unter einem Pinienbaume stattfinden zu lassen, da vorher nichts genaueres darüber gesagt war, wo sich Marsilie befand? — Eine dem deutschen Roland eigenthümliche Berathungsscene unter einem Olivenbaume (dR 1920) geht unmittelbar vorauf. Auch im lat. Gedichte ist die Situation eine ziemlich abweichende. Davon dass sich Guenelon später an einen Pinienstamm anlehnt, fehlt jede Notiz. Gueno kommt allein, sucht den König erst vergeblich im Palast. *Deinde videt regem spaciantem sub spaciosa Pinu, sub cujus frondibus umbra placet* (89-90). Sollte hier nicht, wie das auch Paris auffällige *spaciantem*, ebenso *pinu* durch einen ungeschickten Ueberarbeiter hineingebracht sein? Jedenfalls kann diese Stelle nicht die Lesart von O stützen, die sehr wohl aus der Reminis[illegible]

Da diese Verwendung sehr interessant ist, so sei es uns gestattet, hier etwas länger zu verweilen, indem wir die in unserem Gedicht vorkommenden Fälle an der Hand der Ueberlieferung prüfen.

Erwähnt sind im Ganzen 6 verschiedene Baumarten:

Pomier *B* 8c 52; 23c 50; 45d 52.

Sapin *B* 21f 2; 29c 38; 36b 53; 47a 12; 51a 18; 62f 33; 64e 53; 65a 12; 65c 9; 65d 10.

Trambles *B* 27c 25; 27e 32, 38.

Lorier *B* 29d 7.

Pin *B* 12d 4; 36d 52; 45f 4; 51f 28; 53f 3; 56d 51; 58d 37; 61c 35; 61d 44; 65a 14; 77d 2; 77e 56; 77f 38; 78a 35; 79b 34; 80f 4; 81b 31; 82b 43; 82c 2; 83e 23; 86a 2, 33; 86b 4, 46, 57; 86f 16.

Olivier [Olive] *B* 29f 53; 46a 8; 48e 51; 51f 28; 59f 3; 77d 25; 78a 55; 81c 52; 83a 51.

Der *lorier* findet sich nur einmal, unter ihm wird der Bordelese Simons von Tyons vor Bordeaux erschlagen.

Der *trambles* findet sich nur 3 mal und zwar in Bezug auf Begon in der Mort Begon.

Auch der *pomier* findet sich 3 mal gesichert, ohne dass sich ein bestimmtes Princip erkennen liesse, sei es in Bezug auf die handelnden Personen, sei es in Bezug auf die Gegend;

---

einer Zeile wie 168 entstanden sein kann. Aber wenn wir selbst zugeben wollten, dass in diesem einen Falle die Pinie als Sarazenenbaum verwandt wäre, so würde die grosse, von Perschmann angeführte Anzahl Stellen, in welchen durchweg *pin* als Franzosenbaum, *olive* als Sarazenenbaum verwandt wird, doch eine Erklärung, wie die von mir gegebene erheischen. Dass man von dieser echt epischen Staffage frühzeitig Abstand nahm, und sie deshalb von späteren Ueberarbeitern und Copisten verwischt wurde, ist selbstverständlich zuzugeben. Ist es aber nicht noch ein deutlicher Nachklang des alten Gebrauches, wenn im Renaut de Montauban 383, 26 Karls Boten an Renaut Pinienzweige tragen, während Marsilions Boten an Karl im Roland Olivienzweige überbringen? Auf eine Beleuchtung der Paris'schen Ansichten über das Verhältniss der verschiedenen Rolandsliedredactionen zu einander gehe ich hier nicht ein und will nur bemerken, dass ich dieselben nicht theilen kann.

denn im Fall 1 und 2 findet er sich in Verbindung mit Bordelesen, in Fall 3 mit Lothringern, Fall 1 spielt in Flandern, 2 und 3 in Bordeaux resp. dem nicht weit davon entfernten Plaisseis.

Anders dagegen verhält es sich mit dem *sapin*. Sie begegnet zunächst *B* 21f 2, *A* 69d 14, *C* 47a 24, *D* 40c 21.

B 21e 58. De l'autre part se reloge Garins
Devers *Geronde* Mansel et Angevin
Et Alemant et cil d'outre le Rin
f1 Se sont logie les le ferre chemin
Et par deca les le bruel de sapin
Se loga *Begues* et ses nies Auberis

58 = **A** reloge **CD** — 1 = **C** vont logier **A**; les .j. ferre **D** — 2 = **C** dela **D**; les .j. bois **A** — 3 = **A**; loge **C**; li cuens Baudoins **D**

Ferner *B* 29c 38, *A* 94c 8, *C* 66d 37, *D* 63d 24:

37 Jusc'a *Bordele* ne prisent onques fin
Defors la vile en .j. bruel de sapin
Ont lor agait et enbuscie et mins

38 = **AC**; ot .j. b. **D** — 39 = **AC**; Iloc ont lor agait **D**

B 47a 12, *A* 145d 11:

46f 42 *Rigaus* apelle Morant se li a dit
Issons nos ent biaus frere je vos pri
Sor les chevaus corans et arrabis
45 Et dist Morans volentiers le matin
Tant atendirent que li jors esclarci
Que do Plaissie en issirent VII .XX.
Devant *Bordele* sunt embuscie et mis

a 12 Rigaus estoit en .I. bruel de sapin
Morant apele ja voi ge la Garin

48 Devant Bordele si con moi est avis Sont embuschie en .I. bruel de sapin **A** — 12 Et Rigaus fu **A** — 13 son frere si li dit **A**

B 59a 18, *A* 158c 22, *C* 111a 1:

Huimais devons a *Gerbert* revenir
15 Al Borgegnon et al vasal Gerin
Al matinet issent do Plaisseis
Jusc'a *Bordele* ne prisent onques fin
18 Lor agait metent en .I. bruel de sapin

14 = **C** Desor **A**

B 62f 33, *A* 193a 14, *C* 136c 12:

e45 Li viels Fromons fist destendre son tre
Et les acubes sor les somiers troser
Selonc *Geronde* les a fait amener

f29 Es vos Guillaume o le *Francois* melles
Tot a delivre le laissierent aler
Voie li font si le laissent passer

33 Desci al roi n'i ot resne tire
Sos .I. sapin haut foillu et rame

46 = C; ses acubes ... lever A — 29 = C entre F. entre A — 31 = C si l'ont lessie p. A — 33 = A haut espes et C

Es würde zu weit führen, wollten wir die noch übrigen Stellen wörtlich hier anführen. Es genüge zu bemerken, dass wie in den citirten Stellen so auch in den noch folgenden, in denen die Lesart von *B* überall gesichert ist [*B* 36b 53, *A* 114c 15, *C* 78d 6; *B* 64e 53, *A* 198c 29, *C* 140d 8, *D* 164c 7; *B* 65a 12, *A* 199b 13, *C* 141b 3, *D* 165a 30; *B* 65c 9, *A* 200b 4, *C* 141d 40, *D* 166b 8; *B* 65d 10, *A* 200c 12, *C* 142a 37, *D* 166c 26], die Scene immer in der Nähe von Bordeaux ist und dass auch ein Unterschied zwischen den handelnden Personen in so fern gemacht wird, dass stets die Lothringer sich bei diesen Bäumen befinden, wenn auch an einer Anzahl Stellen zu gleicher Zeit die Bordelesen erwähnt werden, was ja natürlich ist, da es sich meist um einen Kampf zwischen beiden Parteien handelt. Nie aber werden die Bordelesen allein erwähnt.

Dass übrigens der *sapin* sich gerade nur um Bordeaux findet, mag in den Kulturverhältnissen der Gegend seinen Grund haben [vgl. Reclus, nouvelle géographie universelle II, 95].

Ein Unterschied in Bezug auf die Erwähnung des *sapin* ist zwischen den einzelnen Theilen des Gedichts nicht zu bemerken. Wohl aber beim *pin*, der mit Ausnahme von 3 Fällen sich nur im 2. Theile findet. Von den im 1. Theil vorkommenden Fällen ist überdies nur der zweite durch die Ueberlieferung gesichert.

Es heisst nämlich, nachdem Bernars de Naisil bei der Belagerung seiner Burg gefangen genommen ist und er vergeblich seinen Sohn aufgefordert hat, die Burg zu übergeben *B* 12c 59, *A* 37b 10, *C* 27b 31, *J* 35b 6:

c59 Con Begues l'ot a poi n'esrage vis
Par deu Bernars chi n'a mestier train
d1 Je vos pendrai n'i aura contredit
En despit vos et de tos vos amis
3 Doon apele et le vilain Hervi
Faites les forces drecier ensonc ce pin

Es liegt auf der Hand, dass wir es hier nur mit einem Schreibfehler in *B* zu thun haben, wie denn auch die übrigen Hss., die gerade hier sehr auseinander gehen, indem jeder Schreiber die Situation nach seinem Gutdünken ausgeführt hat, statt *pin pui* lesen, was ja allein einen Sinn giebt.

Ebenso ist auch die dritte Stelle n i c h t gesichert und zu bessern. Es heisst *B* 45e 49, *A* 142b 15, *C* 99b 33, *O* 97b 14:

Et com Rigaus vit reculer sa gent
Morant apele se li dist maintenant
51 Loing est mes peres n'i venra mie a tans
Ne t'esmaier sire ce dist Morant
Hui est li termes acompli et li ans
54 Lor felonie lor revenra devant
Il lor adrece lo bon cheval corant
Chastel escrie chevalier or avant
57 En son escu ala ferir Bertrant
f1 .I. chevalier qui fu nes de Morlant
Desos la boucle li va tot porfendant
3 Li blans haubers ne li valut nient
Mort le trebuche sos .I. pin verdoiant

49 Et cant **ACO**; reuser **CO** — 50 = **A** fierement **CO** — 51 = **CO** nos p. **A** — 52 = **CO** frere **A** — 53 et acomplis **ACO** — 57 = **CO** Hermant **A** — 1 = **CO** de Gumcant **A** — 2 = **AC** bouche **O** — 4 enz ou pre **A** soz .I. pre **C** sor le pre **O**

Der zweite Fall endlich lautet *B* 36d 49, *A* 115c 10, *C* 79b 37, *J* 104b 22, *O* 77a 4:

Rigaus l'en uoit s'en apele Baudri
50 Nostre sergant que doit que ne sont chi
Et cil s'entorne con la parole oi
52 Trueuo Herui desos .I. pin flori

49 si apella **CJO** si apelle **A** — 51 cant **A** qui **CJO** — 52 = **JO** Troua **A**; enmi un pre flori **C**

Dieser einen gesicherten Stelle im 1. Theil stehen 22 im 2. Theil gegenüber.

B 51f 28, *A* 161a 24, *C* 112d 15, *O* 110d 39 heisst es bei der Belagerung von Gironville:

25 Cil qui la tient deuroit estre amires .....
27 Jardins et vignes a laiens a plente
Pins et aubors et oliuiers rames

Die Hss. stimmen überein, also ist die Stelle gesichert; daneben aber auch der oliuiers.

Die nächste Stelle findet sich *B* 53f 3, *A* 166d 15, *C* 117a 5, *O* 115a 16. Als Gerbert und Gerin von Geronville aufgebrochen sind und auf dem Wege zu Pepin die Begleiter des vom Kaiser zurückkehrenden Fromondins getötet haben, heisst es dort:

1 Jusc'a Loon ne prisent onques fin
Ilec trouerent l'empereor Pepin
Il descendirent al perron sos le pin
4 *Quant* a Gerbers l'empereor seu
Qu'il l'a troue el pui de Mon Leun
6 Al perron est sor le pui descendu

4 Tant ACO; le roi Pepin C — 6 soz le pin ACO

In Zeile 3 stimmen die Hss. überein, in Zeile 6 ist der Ueberlieferung gemäss *pin* einzusetzen, wodurch zugleich auch die Cobla capfinida genauer wird.

Der Raum gestattet uns nicht, auch die übrigen 21 Stellen noch anzuführen, nur sei es uns noch erlaubt *B* 86a und b, wo der Pin 5 mal vorkommt, hier mitzutheilen, da das Vorkommen hier zu charakteristisch ist. Sie lauten:

85f 50 Vait s'en Gerbers n'i uot plus demorer
51 A .I. franc home lait sa terre a garder
Et il s'en uait o s'amie al vis cler
Et Manoisins et Gerins li senes
54 Tant ont ensamble cheuaucie et erre
Qu'en *Terrasconne* cele bone cite
Entre Gerbers sans point de demorer
86a 1 O lui s'amie que il pot tant amer
Desos .I. *pin* descendent al degre
3 Pus en monterent o palais principel
Le fil le roi ont la dedens troue
Molt bel enfant i ot de son ae
6 N'ot que .XV. ans par fine uerite
Com uit Gerbert si est encontre ale
Il le salue par molt grant amiste
9 Apres li a son pere demande
Gerbers l'entent s'a de pitie plore
Pus li respont par grant humilite
12 Que paien l'ont ocis et afole
Si m'ait dex li rois de maiste
Forment en sui dolens et abosme
15 Or seres rois de trestot ce regne
Li enfes l'ot si s'est reconfortes
Sire dist il .V. C. mercis et gres
18 Orfelins sui se ne me secores
Li rois Gerbers qui fu gentis et ber
A fait l'enfant droit al moster aler
21 La nuit uella desci al aiorner
Et auec lui .XXXV. baceler
Tot fil a contes d'enuiron le regne
24 Si parent erent sel tinrent en chierte

Al mostier uont le seruice escouter
Et pus en sont sus o palais monte
27 La les adobe Gerbers li gentis ber
Pus fist l'enfant maintenant coroner
A tant s'entorne n'i uot plus demorer
30 Jusc'a *St. Gile* ne se uot arester
En la uile entre et s'amie al uis cler
Et auec lui fu dan Gerins li ber
33 Il descendirent desos le *pint* rame
Pus en monterent o palais principel
La fille al conte Raimon qui tant fu ber
36 Li uint encontre si l'a bien salue
Pus li a pris son pere a demander
Dist Gerbers dame n'i a mestier celer
39 Car ocis l'ont Sarrasin et Escler
Deuant Nerbone l'amirable cite
Je uos donrai .I. cheualier menbre
42 N'a plus uaillant en la crestiente
Sire dist ele a uostre uolente
Lors a li rois Mauoisin apele
45 Venes auant ceste dame prendes
Sire dist il si con uos commandes
Il le reciut uolentiers et de gre
48 Ilec le laissent trestot ensi ester
Jusqu'el demain que il fu aiorne
Leue se sont al mostier sont ale
51 Por le seruice oir et escouter
La prist sa feme Mauoisins li membres
Apres la messe s'en sont tot retorne
54 O palais monte qu'est de marbre liste
.VIII. iors sciornent et pus s'en sont torne
Et Mauoisins les conuoia ases
57 Pus prent congie si s'en est retornes
b1 Et cil s'en uont qui n'ont soing d'arester
Desci a *Ais* ne se sont areste
3 Parmi la porte sont en la uile antre
Desos le *pint* descendent al degre
Pus en monterent o palais principel
6 Encontre uint Yones li senes
Vit le Gerbers s'en a .I. ris jete
Souent li baise et la bouche et le nes
9 Grans fu la ioie qu'est o palais liste
.VIII. iors seiornent par grant nobilite
Et al nueme a Gerins congie roue
12 Gerbers l'i done par bone uolente
Et la roine l'a forment acole
Il a baisiet Yonet le membre
15 Pus s'en depart qu'il n'i a demore
Vers Gronuile a son chemin torne .....
Gerins s'en torne sans plus de demorer
45 Jusc'a *Cologne* ne si uot arester
Si descendi sos le *pint* al degre
Pus s'en monterent o palais principel

48 Trueue sa feme al gent cors honore
Qui asez l'a baisie et acole
Pus ont ensamble et deduit et ioe
51 Si ont .IIII. ans ileqnes repose
Jusc'a .I. terme que uos dire m'ores
C'a Gerin uint talent et uolente
54 Que a St. Jake en iroit por orer
Desi a *Ais* ne si uot arester
Or et argent a fait ases troser
57 Il descendi desos le *pint* rame

85f 50 = **D** 227b 21; n'ia **A** 258d 11 n'i ot **J** 256a 16; demore **AJ** arester **C** 189c 16 — 51 = **ADJ** lot. **C** — 52 = **J** et s'a **ACD** — 53 = **ACD** li prous et li senes **J** — 54 = **A** uindrent .I. auespre **CDJ** *folgen:* Fors de [Defors **DJ**] la uile [cit **J**] se logerent es prez [ou pre **J**] **CDJ** Qu'en la uille ne porent [poissent **D**] tuit [*fehlt* **D**] antrer **CDJ** — 55 Girbers i antre **CDJ** plus **ACDJ** et li barnez **D** — 86a 1 = **J** doit **CD** molt **A** *folgt:* Et Mauoisins et rois Gerins li ber **D** — 2 = **CD** le p. **AJ** — 3 = **AC** en entrent **J**; painture **DJ** — 6 = **CDJ** ce est la u. **A** — 7 = Cont **ACDJ** [256b] uoit **D** — 8 = **DJ** Si **A J C** — 9 = **ADJ** Et puis **C** *folgt:* Lou roi Gerin qui tant fist a loer **D** — 10 = **ACD** de pitie a **J** — 11 = **C** Si **AJ** Et **D** *folgt:* Deuant Nerbone la mestre fermete [la nobile cite **DJ**] **CDJ** — 12 = **A** La ont paien **CD** La l'ont p. **J** — 14 = **CDJ** coreciez et irez **A** [259a] — 15 = **AC** [189d] cest r. **DJ** — 16 = **ACD** confortes **J** — 17. 18 *fehlen* **ACDJ** — 19 = **CJ** *fehlt* **A**; qui gentis fu **D** — 20 Atant le font **A**; a .I. m. **ACDJ**; mener **A** — 22 = **A** tel .XV. **CDJ** — 23 = **ACD** son r. **J** — 24 cosin **CJ** ami **D** si l'orent **A**; et de son parente **CDJ** — 25 = **AJ** ont .. escoute **CD** — 26 = **CDJ** resont **A** — 28 Et **D** [227d] a **AC** richement conreer **J** corone **AC** *folgt:* Et pris l'ommage qu'il ne li a uee **D** — 29 = **AC** Puis **D**; s'entorna **D** s'entornent **J**; ot p. demore **J** — 30 = **ACD** se sont areste **J** — 31 entrent **C**; belement et soe **A**; il et Gerins li ber **CD** Girbers li aloses **J** — 32 = **A** *fehlt* **CD** Il et Gerins et Mauoisins li ber **J** — 33 = **AJ** Et **D** .I. pin **C** — 34 = **CDJ** sont monte **A** — 35 = **CJ** molt **A** est **C** — 36 Vint al **ACJ** lor uint **D**; les a s. **CDJ** la bel **A** — 37 = **A** Et **D** lor a pris **CDJ** — 38 = **ADJ** [256c] bele **C** — 39 = **DJ** Que **AC** — 40 = **A** nobile c. **J** mestre [noble **D**] fermete **CD** — 41 = **CDJ** Or **A** — 44 *folgt:* Amis dist il a moi en [enuers moi **J**] entendes **ACDJ** — 45 *folgt:* Quenz de St. Gille desore [or **C** ores **DJ**] mais seres **ACDJ** — 47 l'a recut **ACDJ** — 48 Icelle nuit le laissierent ester **ACDJ** — 49 Jusqu'al matin **ACDJ**; dut aiorner **J** — 50 = **AJ** Qu'il se leuerent **D** et al m. ale **C** — 52 = **CDJ** li senez **A** — 53 *fehlt* **C** — 54 montent **ACDJ** — 55 = **ADJ** resont **C** *folgen:* Vet s'an Gerbers et Gerins li manbrez [senes **C**] **C** [190a] **D** [228a] **J** Et la roine au gent cors honore **CDJ** — 57 = **ADJ** s'en sont **C** — 86b 1 = **ACD** sans plus de demorer **J** — 2 = **D** ne uorrent **ACJ**; demorer **AC** arester **J** — 3 = **ACJ** .. uile . tuit dedanz entre **D** — 6 = **AJ** Encontre ax **CD** — 7 Voi **ACDJ** [256d]; si **J**; tantost l'a acole **A** — 8 = **A** Soef **CDJ** — 9 = sus el **ACDJ** *folgt:* Et la roine l'a forment acole **C** — 11 = **CD** al neuine **A**; ont **J** a Gerins le c. **A**; demande **AC** — 12 = **AC** lor done **J** volentiers et de gre **D** — 13 = **ACD** a Garins a **J** — 14 Et la basie **C** Et puis baisa **D** se ne **AJ** — 15 se d. **C**; et il et ses **A** et o lui son **CDJ**; barne **ACDJ** — 44 Et cil **J** Pus s'en parti sans plus de demorer **A** tot le chemin ferre **J** *fehlt* **CD** *folgen:* Et les [le **CD**] commande au roi de maiste **ACD** Et cil s'en torne tot le chemin ferre **CD** Il et Ludie qui tant l'auoit ame **D** — 45 = **ACJ** sont areste **D** — 46 = **AC** Il **J** Ou descendirent **D**; soz l'oliuier rame **J** — 47 sont monte **A** ou monta **CD** [228c] **J** — 48 = **CDJ** sa fame trueue **A** — 49 forment **A** [259d] **CDJ** — 50 *folgen:* Sa gent depart si s'en sont retorne **DJ** Et [Puis **J**] ont issi une grant piece este **DJ** Que il l'en uolent a St. Jake mener **J** — 51 Bien .IIII. ans **AJ**; furent **AC** sont **D** ont **J** saise **CDJ** — 52 = **CDJ** m'orrez conter **A** — 53 Que G. prist **ACDJ**; par uerite **D** — 54 = **A** s'en i **CDJ** *folgt*: Congie a pris a s'amie [sa femme **J**] al uis cler **CDJ** — 55 Or et argent a fait asses [a asses fait **A**] trosser [porter **DJ**] **ACDJ** *folgen:* Ouec lui moinne mil [.XX. **DJ**] cheualiers manbre [armes **J**] **CDJ** Droit uers Gascogne [St. Jaque **J**] commence a cheminer **CDJ** Deci a Ais ne se uost arester [ne finerent d'errer **J**] **ACDJ** — 56 *fehlt* **ACDJ** — 57 = **CD** descendirent **J**; soz .. au degre **A**

Wo immer auch die Lothringer sein mögen, ob in Terasconne, in St. Gile, in Ais oder in Cologne, ob im Süden von Frankreich oder im westlichen Deutschland, überall findet sich auch der *pin*. Allerdings finden sich auch zwei Passagen, in denen er mit Fromons zusammen genannt ist, aber beide Male in Geronuille, also auf dem Grund und Boden der Lothringer [*B* 82b 43 und 83e 23]. Auffällig ist nur *B* 79b 34, wo der *pin* zusammen genannt wird mit dem noch nicht bekehrten Amadas; es könnte dies vielleicht daher rühren, dass Amadas nachher zur Partei der Lothringer gehört und wir in unserem Gedichte ja an die Stelle der Sarazenen und Franzosen der Ch. de Rol. die Bordelesen und Lothringer zu setzen haben.

Ein Unterschied in der Behandlung zeigt sich in den verschiedenen Theilen des Gedichts in so fern, als der *pin* in den früheren Theilen nur einmal gesichert ist [*B* 36d 52], dagegen von *B* 51ab 23 mal, wovon wieder 15 auf den Schluss *B* 77d ss entfallen.

Haben wir so gesehen, dass der *pin* im eigentlichen Sinn des Wortes der Baum der Lothringer ist, so ist dagegen kein Princip zn erkennen bei der Anwendung des *olivier*.

Er findet sich in *B* 9 mal, darunter 8 mal gesichert [nur *B* 48e 51 fällt weg]; unter diesen geht 1, 2, 6 und 7 auf die Lothringer, 3 ist indifferent, da *pin* und *olivier* zusammen genannt werden, 4, 5 und 8 auf die Bordelesen; Fall 1, 2, 6,

7 und 8 befindet sich der *olivier* auf dem Gebiete der Lothringer, 3, 4 und 5 auf dem Gebiete der Bordelesen.

Ein weiteres Indiz für eine etwaige Theilung der Chanson ergiebt sich aus unserem § also nur in sofern, als *pin* und *olivier* nach *B* 51c ungleich häufiger vorkommen als vorher.

Vita.

Geboren am 3. April 1861 zu Remscheid als Sohn des Buchbindermeisters Gustav Heuser, evangelischer Confession, besuchte ich nach dem frühzeitig erfolgten Tode meines Vaters zunächst eine Elementarschule meiner Vaterstadt, um, als 1870 die bisherige höhere Bürgerschule derselben in eine Realschule 2. O. umgewandelt wurde, in die Sexta dieser einzutreten. Nach bestandener Entlassungsprüfung verliess ich diese Anstalt Ostern 1877, und trat, durch Privatunterricht des Herrn Pastor Post in Solingen vorbereitet, Herbst 1879 in die Ober-Prima der damals unter des seligen Schacht Leitung stehenden Realschule 1. O. zu Elberfeld über, die ich Ostern 1880 nach erlangtem Maturitäts-Zeugniss verliess, um mich hier in Marburg dem Studium der neueren Sprachen zu widmen. Vorlesungen hörte ich hierselbst bei den Herren Proff. Dr. Stengel, Lucae, Varrentrapp, Bergmann, Cohen, Lenz, Birt, den Privatdozenten Dr. Koch, Natorp, Sarrazin und den Lektoren Dr. Reimann und Brede, welchen allen, vornehmlich aber den Herren Prof. Dr. Stengel und Privatdozent Dr. Koch ich zum grössten Dank verpflichtet bin. Seit Ende Oktober 1882 bin ich erst als Volontär, dann als Hülfsarbeiter an hiesiger Universitäts-Bibliothek beschäftigt und bestand das Examen rigorosum am 21. Mai 1883.

www.ingramcontent.com/pod-product-compliance
Lightning Source LLC
Chambersburg PA
CBHW021555270326
41931CB00009B/1232